チマッティ神父
日本を愛した宣教師

ドン・ボスコ社

チマッティ神父の出身地、イタリア中部ファエンツァの街並み。第2次世界大戦中に戦場となり、チマッティ家があった川の向こう岸の地区は壊滅。戦後、再建された

13歳ごろ、中学生のヴィンチェンツォ・チマッティ

ヴァルサリチェ学院。サレジオ会の多くの宣教師が養成された。チマッティ神父は神学生時代からここで学んで司祭となり、院長・校長を務めた。ドン・ボスコの遺体は列福される1929年までここに安置されていた

1920年（41歳）ヴァルサリチェ学院の教え子たちと
前列中央が校長のチマッティ神父

1926年（47歳）宮崎教会の子どもたちと

1926年、鹿児島でのコンサート。札幌から奄美大島、朝鮮、満州まで2千回ものコンサートを開催し、教育や宗教についての講演も交え、神の言葉を伝える機会にした

1954年（75歳）東京・調布サレジオ・ユースセンターの子どもたちと

1955年（76歳）長野・野尻湖で「チマッティ街道」の作業中

1956年(77歳) チマッティ神父は約1万通もの書簡や文書を書き送った

1962年1月(82歳) 結婚式に際して麻布教会で祈る。いつもロザリオを手離さなかった

チマッティ神父が着ていた服

自然科学の専門家として集めた数々の化石、植物、昆虫、貝類、鉱石の標本

東京・調布サレジオ神学院の地下聖堂にあるチマッティ神父の石棺
1965年10月6日、86歳で帰天

もくじ

- 10　ドン・ボスコを見つめた子
- 12　オカリナのオーケストラ
- 13　お母さん、さようなら
- 14　インクの樽に入る
- 16　忙しい大学生と教師
- 17　博士、そして神父へ
- 20　教会学校の責任者となる
- 22　戦時中の助け合い運動
- 24　「母を思うとき……」
- 25　慕われる院長・校長に
- 28　偉大な決断
- 30　遠い日本への旅
- 33　ひげを生やした9人の小学生
- 34　アシジの聖フランシスコのために始まった　コンサート活動
- 38　金なし、でも満足している
- 39　17歳の宣教師たち
- 41　主任司祭の苦労と熱意
- 44　シスターの助けも必要

チマッティ神父
日本を愛した宣教師

- *46* 東京の子どもたち
- *49* 「見せ物になりたくない」
- *50* 「君たちは私たちの後継者」
- *52* 辞表も神の恵み
- *54* 「骨の髄まで日本人になりたい」
- *57* 戦争の悲劇
- *60* 戦死した若い教え子たち
- *62* 広島・長崎、終戦、そして再建
- *64* 戦後の悲しい帰国
- *65* 最後のひと踏ん張り
- *67* 元管区長は図書館係となる
- *68* 「さあ、散髪してください」
- *70* 院長の慈父のこころ
- *73* イエスとマリアのみ、まことの光
- *74* 「今、私の仕事は祈ること」
- *77* 「行きましょう、主の平和のうちに!」
- *80* ヴィンチェンツォ・チマッティ神父　年譜
- *82* チマッティ資料館のご案内
- *86* チマッティ神父関連の書籍・CD・DVD

ドン・ボスコを見つめた子

　1882年5月14日、中央イタリア・ファエンツァ市の聖アウグスティノ教会は人々で埋め尽くされていた。一人の母親が我が子を高く差し上げ、その耳元でささやいた。「ヴィンチェンツォ、ドン・ボスコ[*1]をごらん」。子どもは優しくほほ笑む一人の年老いた神父を見た。疲れた様子だったが、その目は子どものようにキラキラと輝いていた。

　当時、すでに67歳だったドン・ボスコの名は、世界中に広まっていた。田舎生まれのこの貧しい老司祭は、北イタリア・トリノの郊外に貧しい子どもたちのための事業を営み、国外にも多くの学校を建て、教育事業を展開していた。また、サレジオ会という修道会も設立していた。このときも新しい学校を開くため、ファエンツァを訪れていたのである。

　ドン・ボスコを見つめていたその子の名は、ヴィン

1882年5月14日
ドン・ボスコに出会う

[*1] ドン・ボスコは、「青少年の友」と呼ばれ、助けを必要とする若者のために生涯をささげた神父。1815年北イタリア・ピエモンテ生まれ、名前はジョヴァンニ（ドン・ボスコは「ボスコ神父」の意味）。青少年教育に献身するサレジオ会を創立。1888年帰天。

チマッティ神父　日本を愛した宣教師

チェンツォ・チマッティ。1879年7月15日生まれの、3歳足らずの子である。母のローザは、1か月前に夫ジャコモを失ったばかりであった。町は反教会運動の拠点としてよく知られていたが、その中で、ローザは勇気あるキリスト信者として知れ渡っていた。

ある日、少数の反カトリック教会の狂信的な連中が、フェルディナンド・マゾッティという熱心なカトリック信者をナイフで刺し、広場の真ん中で、司祭の祈りなしに、のたれ死にさせようと取り囲んでいた。そこへ若い女性たち数人がひるまずに入り込み、司祭が来るまで刺された男を見守った。ローザもそのうちの一人であった。

ドン・ボスコが訪れる1年前から、数人のサレジオ会員がこの町に教会学校を開いていた。ヴィンチェンツォも、兄ルイジの肩車に乗って、そこへ通っていた。小さかったが、そこではスポーツの試合を楽しんだり、大声で歌ったり、演劇を見たりしていた。舞台の上の輝く衣装やバックミュー

母ローザ

兄ルイジ

ジックが彼の心を捉えていた。

　その頃から数年経ったある日、母がヴィンチェンツォに言った。
「お兄ちゃんに挨拶しなさい。遠くへ行くのだから」
兄のルイジは、ピカピカに磨かれた靴を履き、紐で結んだ箱を手に持っていた。
「お兄ちゃんはどこへ行くの？」ヴィンチェンツォが尋ねた。
「ドン・ボスコのところへ行くのだよ」と母は答えた。「お兄ちゃんは神様に呼ばれているの。お金のためではなく、人々の魂を救うために働くのよ」
「ぼくも行きたい」
「大きくなったら行くかも知れないけど、今はお母さんと一緒にいないといけないよ」と、兄がなだめた。

オカリナのオーケストラ

　ヴィンチェンツォは9歳のとき、故郷にあったサレジオ会の学校に入った。成績はよかったが、頭でっかちの子ではなく、愉快な遊びや運動が大好きだった。また、ボーイソプラノのすばらしい歌声に恵まれていたので、祝い事のたびにソロを頼まれた。「あの子が歌うとき、祈っている感じがする」と皆に言われていた。

　しかし、ヴィンチェンツォがいちばん満足していて誇らしげだったのは、自分が作った「オカリナのオーケストラ」だった。10人の仲のよい友達と共に楽しいリズムを作り出して

いた。ある日、トリノから本物のオーケストラが来て、立派なコンサートを開いた。終わりに、12歳の「マエストロ・チマッティ」が指揮台に上がり、「ただいまから、私のオーケストラが皆さんに1曲お贈りします。では、準備！ マーチ240番！」と真剣な顔で言った。皆は驚いた。「レパートリーは240もあるのかしら」と。しかし、10個のオカリナを見たとき、笑ってしまった。実は、「チマッティ・オーケストラ」が吹けるのはその1曲だけだったのである。

13歳ごろ、
中学生のヴィンチェンツォ・チマッティ

お母さん、さようなら

　16歳になったヴィンチェンツォは、将来の道を真剣に考え始めていた。サレジオ会が気に入っていたので、入ろうと思っていたのである。南米から来る宣教師たちが、現地の子どもたちは貧しく、ハンセン病などで死んでいく者も多い、と話してくれていた。ヴィンチェンツォは、ドン・ボスコの教え子となって遠く貧しい宣教地に行きたい、と考えていた。

しかし、感じやすいその心に一つだけ悩みがあった。母のことであった。父は小さいときに亡くなり、兄はサレジオ会に入っていて、数年前、母代わりをしてくれた姉サンティーナも修道院に入っていた。年老いていく母をひとりぼっちにするのはかわいそうだった。ローザは、息子の気持ちを察して、こう話した。「ヴィンチェンツォ、もしも神様が呼んでくださるのならば、私は喜んであなたを神様にささげますよ。私のことは心配しないでいいの。ただ私のために祈ってちょうだい。食べる分くらい、この手で十分に稼げるわ」

　結局、1895年10月2日、ヴィンチェンツォは家を離れた。彼は、自分によく言い聞かせた。「立派なのはぼくじゃない。ひとりぼっちになっても、生きるために毎日機織りを動かすお母さんだ」。そして、ひとりになったローザは言っていた。「これからは、戸口を開けておくわ。盗られる物は何もないからね」と。

インクの樽に入る

　出発前、ヴィンチェンツォは担任の先生に質問した。
「サレジオ会に入ったら、どうなりますか」
「トリノに行って、インクの樽に入って、真っ黒になる」と、先生は怖い声で答えた。
　ヴィンチェンツォはトリノ近くのフォーリッツォの修練院に入り、1年間ドン・ボスコやサレジオ会の生き方を学んだ。1896年10月4日、祭壇の前で、「私は生涯、清貧、貞潔、

1900年頃のヴァルサリチェ学院

従順の誓願を立てます」と誓った。17歳だった。当時は、16歳でも終生誓願が許されている時代であった。その日、真っ黒の長い服を着て、サレジオ会員となった。

続いて、トリノ郊外にある名門校、養成支部でもあったヴァルサリチェ学院に入った。人格形成には理想的な環境であった。神学生チマッティは、毎日、勉強、運動、そして、祈りの規則正しい生活に積極的に取り組んだ。快活な彼には、音楽がよい気晴らしとなった。すでに16歳で作曲を始めていたが、ここにきて、彼の作曲は祝い事のときの欠かせない要素となった。彼は無味乾燥な幾何学の授業中でさえ、頭の中に新しいメロディーが浮かぶと、教科書の縁にメモし、それらが先生の目に入らないよう努力したに違いない。

悩んだときは、ヴァルサリチェにあったドン・ボスコの墓の前に祈りに行っていた。

忙しい大学生と教師

　1899年7月、チマッティ神学生は高等学校を卒業した。そのとき、ヴァルサリチェの師範学校に音楽教師の資格を持つ者が至急必要だった

チマッティ神父が見守っていた
ヴァルサリチェでのドン・ボスコの墓

ので、長上は彼を王立パルマ音楽院に在籍させた。実際は正規授業を受けることはできなかったが、個人的に一所懸命に準備したうえで、次の年の夏、1か月ほどパルマに滞在し、7月7日に試験を受け、高等学校の「コーラスのマエストロ」のディプロマ（免許状）を取得した。とても優秀な成績だった。あの有名な音楽家チマッティ神父が所有していた音楽の公的資格はこれだけであり、そのほかは、本人の努力や生まれつきの才能によるものであった。

　同じ1899年の秋、王立トリノ大学の自然科学農学部にも入学した。しかし、当時のサレジオ会員は人材不足のため、一つのことにだけ専念することを許されず、二つ三つの役目を同時に引き受けさせられる状況にあった。それで、チマッティ神学生には下級生の音楽の授業とその生活指導も任せられた。さらに必要に応じて、国語、ラテン語、数学、

化学、物理、農学、教育学までも教えていた。それでも、毎日明るい表情で重い十字架を背負い、他人にはなるべく重くさせないように努めていた。彼の授業は充実していて、楽しくわかりやすかったため、若い会員に人気があり、皆から「ドン・チマッティ」と呼ばれていた。「ドン」とは、イタリアにおける神父の敬称である。

ある日の化学の授業中、チマッティ神学生がリンによる火傷の危険性を説明していたとき、突然、不注意でリンが彼の人指し指に付いてしまった。慌てて指を水に差し入れるとリンが発火した。彼は深い傷の激しい痛みに唇をかみしめながらも、ハンカチで傷を結んで、授業を続けた。放課後、医者に診せにいったところ、「なぜ、すぐに来なかったのかね。時間がたってしまったから、こんなにひどくなったのだよ」と厳しく叱責された。授業中なので来られなかったと弁解したが、一生残る傷になった。学校に戻ると、一人の学生が彼の包帯を見て、「これは、ドン・チマッティが科学を愛していることのしるしだ」と高らかに宣言した。しかし本人は涼しい顔で、「いや、私の無知のしるしだよ」と答えた。

博士、そして神父へ

1903年7月、自然科学農学部の博士号を取得し、さらに哲学部に編入学した。そして、それでも足りないかのように神学の勉強も進め、なおかつ、以前と同じように授業

1903年7月　自然科学農学部の博士号を取得

も受け持っていた。精神的負担が大きかったであろうが、時間を有効に使うことで、うまくその務めをこなしていた。

1905年3月18日、サレジオ会最初の宣教師カリエロ司教の手によって司祭に叙階された。そのときから、本当の「チマッティ神父、ドン・チマッティ」となったのである。

表向きはその生活に変わりはなく、以前と同様に高等学校で自然科学、農学、教育学を教え、音楽の名教師であり、愉快さと喜びの源泉であった。彼がいるところには、常に歌が湧き出ていた。この時代のすばらしい作曲は数多く残っている。

一方、心の内では、大きな変化が生まれていた。以前より明るく、温かく、親切になっていった。一人の教え子は言っていた。「彼が教室に入ると直ちに、退屈さ、不快さ、

争いが消え、皆が心地よく、兄弟のようになる。私たちにとってのいちばんの罰は、先生のほほ笑みが消えることだった。それは、私たちには耐えがたいことだった。もとより、本人もそのまま長くは続けられなかった。すぐに、もとの雰囲気を取り戻すように努めていた」

1906年、哲学部で教育学の博士号を修得した。若い神学生たちから祝福されて、尋ねられた。
「次の博士号は何でしょうか」
「私は、宣教師になるためなら、博士号も音楽の免許状も全部寄付するよ」と答えた。

そして、自分の教育法について聞かれると、「私の教育法とは、絶えず親切に勧めと忠告を与えること。生徒一人ひとりのために祈ることです」と答えた。これは、ドン・ボスコの教育法の根本である。教え子たちにはこう言っていた。「過去はもう過ぎたものだから、それについて悩まないで、忘れるようにしよう。未来のこと、それは神様の御手にある。余計な心配をする必要はない。自分の手にあるのは、現在のことだけである。それを有効に活用するようにしよう」

彼自身、時間をよく使っていた。レモンを最後まで絞るように時間を大切にし、朝4時に起きて、1日中懸命に働いていた。

オラトリオ・サン・ルイジ　後ろで手を挙げているのがチマッティ神父

教会学校の責任者となる

　1913年、秋。ヨーロッパに第1次世界大戦の気配が漂い始めていた。若者は次々と兵役につき、その空いた場所を補うために、残った人々は倍働かなければならなかった。

　その秋、チマッティ神父はヴァルサリチェから、トリノのポルタヌオヴァ駅近くのサン・ジョヴァンニ教会の教会学校（オラトリオ[*2]・サン・ルイジ）を任せられた。学校を支える必要があるためだと言われたが、実際は、親しみやすいチマッティ神父の教育姿勢が、厳格すぎる高等学校の校長に合わなかったからである。従順なチマッティ神父は、教会に籍を置きながら、毎日歩いて30分の距離にあるヴァ

---

*2　オラトリオとはラテン語で「祈りの場」を意味するが、ドン・ボスコが始めたオラトリオは祈りはもちろん、レクリエーション、勉学、演劇など、地域の子どもを対象としたあらゆる活動の場である。

チマッティ神父　日本を愛した宣教師

1916年　オラトリオ・サン・ルイジのボーイスカウト団

ルサリチェの学校でも教え、戦争が終わるまでの６年間、教会学校の子どもたちと青年たちのためにも働いた。また、ここにトリノで最初のボーイスカウトの隊を創設した。戦時中は隣の教会学校（オラトリオ・サン・ジュゼッペ）の子どもたちも共に集まった。

　戦争の影響もあって、この地域は貧しく、子どもたちがあふれていたが、運動場は狭く、施設や設備が不足していた。チマッティ神父はここで小さい子と遊んだり、より大きな少年と活発な試合をしたり、青年たちと個人的に付き合ったりしていた。当時、教会学校にいた子どもたちの思い出をいくつか挙げてみる。

「ぼくは６歳のときに通い始めたが、チマッティ神父はどこにでもいて、何でもやっていた。祈りや式の準備をし、ゆるしの秘跡を授け、遊びを盛り上げ、父母と相談したり、歌や演劇を教えたりしていた。黒い長い服の下から飛び出

てくるあの重たい長靴で、急いで運動場を横切るとき、ぼくはいつも、神父がほほ笑んでくれることを楽しみにしていた」

「お母さんが許してくれると、ぼくはすぐに教会学校へ飛んでいった。閉まっていれば、足で鉄の門を蹴って、チマッティ神父が開けにきてくれるのを待っていた。ときどき、トイレの掃除の途中に、スータン（黒い服）をたくし上げながら開けにきてくれたりした」

「夏は大変暑かったが、チマッティ神父様がいて、その音楽とほほ笑みでぼくたちは幸せだった。1階にピアノがあり、神父様がその前に座って弾いたり、歌ったりすれば、ぼくたちも一緒に歌って幸せな気分だった」

戦時中の助け合い運動

1915年5月、イタリアはオーストリアと戦争を始めた。戦場となった地域からトリノに難民が押し寄せ、飢餓が町を襲った。「チマッティ神父は、人を助けるために町中を回り、屋根裏まで上った。ぼくも一緒に回ったことがある。貧しい人々にパンや薬を配ったり、病人が病院で治療を受けられるよう世話したり、医者を派遣したりしていた」と、ある人は証言している。

1917年、飢餓がひどくなり、騒動も起こった。闇市もはやり始めた。チマッティ神父は、最も貧しい人々を助けるために、協同組合を考え出した。次のような回想がある。

「今でもその姿が目に浮かんでくる。協同組合のための食料品を積んで、自分でリヤカーを引っ張っていくその姿が。ぼくたちも押したが、いちばん苦労したのは神父様だった。古びたスータンの裾を上げて、額に黄色いハンカチを結んで、米、パスタ、小麦粉、何でも集めて、香部屋に積んで、必要に応じて貧しい人々に配っていた。いつもほほ笑みを振りまきながら!」

　それと引き換えに、闇市の人たちからは「物資を横領している」と悪口を言われた。チマッティ神父は悲しんだが、その活動をやめなかった。「人々から感謝されるために働けば、できなくなる」と言っていた。

　1918年の秋、長い戦争が終わり、生き残った兵隊たちが帰ってきた。しかし、その喜びには、帰らなかった人々のための涙が混じった。チマッティ神父の力も尽きていた。彼は長上に書き送った。「私は、6年間、本を手にしていません。教会学校のために一所懸命に働いたつもりですが、準備不足のため、ことわざにあるとおり、〈煙が多く、焼き肉は少ない〉、すなわち、大したことはできませんでした。しかも、毎週27時間も学校で教えてきました」。これは、不平ではなく、限界を感じた人の叫びであろう。

　その秋、チマッティ神父はヴァルサリチェ学院に戻る辞令を受けた。教え子たちは恩師が戻ってくるのを待ちわびていた。彼が門から入ってくると、彼を肩に乗せ、歓声を上げて運動場を1周した。「やめてくれ!」と彼が叫んで手足で止めようとしても、無駄だった。皆の喜びの中で、チマッティ神父は泣いた。

「母を思うとき……」

　ヴァルサリチェでの新しい生活が始まったが、チマッティ神父の心の中には見えない苦しみがあった。貧しい生活を強いられている83歳の母のことである。戦時中は皆苦しかったが、終戦後もなお、母は貧困の中に生きていた。

　1921年11月、チマッティ神父は長上に手紙を書いた。「故郷ファエンツァで母が苦労しています。毎日、修道院からスープやおかずを幾分かもらっています。また少しのぶどう酒も支給されています。自分でそれらを取りに行くか、あるいは人に持ってきてもらうのです。1日1リラも支給されています……。しかし、生きるためには、83歳でも何とかして働かなければなりません。私は食卓に座ると、母のことを考えて涙が出ます。今もそうです。そばにいてあげたいのですが……。サレジオ会員の兄はペルーにいますし、姉はシスターで私たちよりも貧しいのです。私自身、何も持っていません。もう少し母を助けていただけないでしょうか。そうでなければ、借金して必要なものまでもなくなってしまいます。これについてご検討ください。決して、大げさなことを申し上げてはおりません。お考えのとおりに神様の前でなさってください。心から感謝いたします」

　4か月後、チマッティ神父はファエンツァに駆けつけた。母は臨終を迎えていた。少し一緒に話ができ、ご聖体[*3]を

[*3] 聖体とは、キリストが最後の晩餐の時にささげたパンとぶどう酒がキリスト自身のからだであるとの教えに基づき、ミサのなかで拝領するパンのこと。キリスト信者にとって人生の糧である。

授けた。母は息子の手を握って、小さな声で話した。「あなたが小さかったとき、私はご聖体を受けるための準備をさせたわ。今、私がこの世を去る前に、あなたの手からご聖体をいただけた。とても幸せです」

母のそばにいたとき、チマッティ神父は、修道院から聖堂のマリア像に冠を飾るための歌を頼まれていた。母が天国で救いの冠を受けることを考えながら、『Corona aurea 黄金の冠』というすばらしいコーラスを作曲した。

2日後、長上に手紙を書いた。「昨日、3月4日、母が帰天しました。高齢のためインフルエンザに勝てなかったのです。彼女のために、また私のためにもお祈りください。私はもはや、この地上にはつながれていません。これからは、神様が力をくださるかぎり、自分の救いのため、またサレジオ会のために熱意をもって働くつもりです」

慕われる院長・校長に

1922年、チマッティ神父は43歳になった。彼は、長上から修道院長や校長になるように何度も頼まれていたが、いつも辞退してきた。しかし、今回はついに引き受けた。彼は上に立つことを本能的に好んではいなかったが、今回だけは、神様のみ心であることを感じて、従うことにした。

引き受けた以上、彼は好きな音楽も本も、二の次にすることにした。「神様が私を裁かれるとき、音楽についてではなく、任せられた人々について裁かれるであろう。私は、

1921年　ヴァルサリチェ学院の教え子たちと
最前列左から5番目がチマッティ神父

自分のすべてを彼らにささげなければならない」と日誌に書いた。会員の一人はこう言っている。「人がチマッティ神父に何かを頼み、話したいと言えば、彼はすぐにすべてを差し置いて、することがほかに何もないかのように応じていた」。また、「ヴァルサリチェでの生活は、そのまなざしとほほ笑みのもとに喜びと活発さにあふれていた」という会員もいる。

しかし、彼を悲しませる批判の声もあった。「チマッティ神父は優しすぎる。命令ができない。人を従わせることができない」というものだ。当時、イタリアには法と規律と秩序の必要が感じられていたため、独裁者ムッソリーニに喝采を送る人も少なくなかった。強い手で人を導かなければならない、と言う人たちである。それに対して、チマッティ神父は丁重で、謙虚で、命令よりほほ笑みや願いで人々を

導いていた。彼は、権威の重みを感じさせない人であった。そして、このような態度を理解できない人もいたわけである。反面、こう言う人々もいた。「チマッティ神父の頼みは断れない。悲しませたくないからです」。彼自身、長上にこう書いた。「私は、強引な態度はとれません。まず会員の信頼を得なければ、神様へ彼らを導くことができないと感じるからです」

　当時は、私立学校にとって難しい時代だった。教育改革により制度が変わり、ヴァルサリチェ学院の師範学校の部は閉鎖せざるを得なかった。そのため、困難や不満が生じていた。ある年の卒業式の後、先生方や校長への謝恩会が行われた。その途中、突然、卒業する生徒の一人が舞台に上がり、学校に対する激しい批判の言葉を読み上げた。皆呆然として不愉快に思ったが、チマッティ校長はひとり頭を下げ、うなずいていた。読み終わったとき、重たい沈黙の中、校長は立ち上がり、その生徒の肩を抱いてこう言った。「おめでとう。心から感謝する。立派だった。きみのように、公に自分の意見を述べる勇気のある人は、尊敬に値する。きみの話を聞きながら、心の中でこう思った。『この子は、大人になって世の中に出たら、きっと今日のように、学校や家庭で学んだキリスト教的な教えを、勇気をもって守っていく人になるだろう』とね。もう一度言う、ありがとう。今まで気がついていなかったことに目を開かせてくれた。これからは、それらを大事にするよ」

　その生徒は、この予想どおり、立派なキリスト信者になり、勇気ある名弁護士となった。

偉大な決断

　1923年、サレジオ会の本部にバチカンの教皇庁から極秘の打診が来た。「日本はアジアに影響力を増し、将来、この地域で重要な役割を果たすことになるだろう。教皇様は、この国の福音宣教に力を入れるべきだと考えておられる。サレジオ会は、宮崎県と大分県の地域を引き受けてほしい。この両県に、合わせて150万人の人口、300人のカトリック信者、3人の司祭がいる」。さらに「この国で働く宣教師は、優れた能力の者、高等学校や教育施設を指導できる者でなければならない」と書いてあった。

　同じ年に、チマッティ神父もサレジオ会の総長に手紙を書いた。「お願いです。私のために、いちばん貧しく、配慮されていない宣教地を探してください。私には、便利で豊かなここの生活は合いません。どうか、この願いを聞き

1925年12月　ヴァルサリチェ学院の教え子たちと

入れてくださるようお願いいたします！」

こうして、リナルディ総長のテーブルの上に、宣教師の派遣を打診するバチカンからの手紙と、宣教師になりたいというチマッティ神父の手紙とが同時に並んだ。これは、神のみ心のしるしではないかと思われた。そして、教皇庁に対して、人材を準備するため16か月ほど待ってくださるように、という回答が送られた。

1925年6月18日、チマッティ神父は日本への宣教団の団長になることを告げられた。同年10月15日に、教え子に宛てた手紙にはこう書かれている。「今日をもって、任期が終わる。これから新しい考え、新しい志……。日の出の国、桜の花、菊、米、火山、地震……、すばらしい自然の宝庫。喜びの涙が出る。ああ、日本！ これからこそ、私には神が必要となる。新しい生活が始まる。たくさんの笑いや喜びがあろうが、多くの苦しみもあるだろう」

11月7日、トリノのドン・ボスコの部屋で、選ばれた司祭6人、修道士3人がリナルディ総長の手から宣教師の十字架を受け取った。総長は諭した。「皆さん、これから遠く、物質的には豊かな国へ行っていただきます。その国であなた方に求められるものは、物質的なものではありません。あなた方が持っていくのは、イエス・キリストです」

現在教会から「福者[*4]」とされている総長リナルディ神父は、チマッティ神父の恩師であった。チマッティ神父から

---

*4 カトリック教会では、キリスト信者の模範として神を愛し、人々のために生涯をささげた人に、神から祝福された人として「福者」や「聖人」という称号を与え、世界中で記念する。

多くの手紙を受け取り、父のように慕われた人である。

遠い日本への旅

1925年12月29日、チマッティ神父一行はインドや中国に向かう宣教師たちと共にドイツ船籍客船「フルダ号」に乗ってジェノヴァを出港した。別れの寂しさを紛らわすために、チマッティ神父の指揮のもと、皆で一緒にマリア様への歌を歌った。チマッティ神父はヴァルサリチェ学院の教え子たちに手紙を書いた。「私たちは船の上で歌ったり、音楽を奏でたり、踊ったりしている。試合もする。お客さんたちはどう思っているのだろうか。子どもたちも、船員も、洗濯係の中国人も、皆一緒に笑っている。ここに足りないのは、ご聖体を安置する聖堂だけである。でも、なくても祈ることができる。皆のために祈っている」

同じ船に、後に一橋大学の学長となった上原専禄氏も乗っていた。すぐ友人になり、上原氏は、チマッティ神父の最初の日本語の先生となった。その友情はその後も、一生続いた。

1926年2月8日の朝、フルダ号は深い霧に包まれた門司港に入った。霧が晴れたとき、初めて日本を見たチマッティ神父は「森に覆われた島々、太陽を浴びて輝く真っ白な山、山麓に横たわる家々」とその印象を書いた。甲板から見下ろすと、帽子を振ってほほ笑んでいる白いひげの人が見えた。長崎司教が迎えのために送ってくれた、マルタン神父

1925年12月　教え子たちに送った別れの手紙

1926年1月　上原専録先生と共に

だった。9人は船を下り、門司教会で初めて日本の家屋に入った。「お菓子の箱のように、小さくてかわいい。入るために靴を脱いでスリッパを履く。変な格好で足を引きずり

1926年2月　長崎の司教と共に大浦天主堂の階段で

ながら、壁を揺るがさないよう気をつける」と手紙に書いた。

　少し休んだ後、夜行列車に乗り、翌朝長崎に着いた。そこで、コンバス司教が温かく迎えてくれた。長崎滞在の1週間、キリシタンの歴史、その迫害と殉教、生き残った子孫の感動的な話などを現地で確かめた。大浦天主堂、浦上天主堂、26聖人殉教者の丘などを訪問し、深い感銘を受けた。その案内役は、聖書の文語訳で有名なラゲ神父だった。長崎で最も感心したのは、子どもたちや大人の信徒たちの信心深い態度だった。さっそくイタリアにその報告をした。そのときから、毎月詳しい報告を送ることにした。これらの手紙を読むと、外国人宣教師から見た、戦前の日本についての非常に興味深い多くの情報を得ることができる。

ひげを生やした9人の小学生

　2月16日、目的地の宮崎に着いた。駅には少しの信者と、パリ外国宣教会のボヌカーズ主任司祭が迎えにきてくれた。教会へ向かう途中、「万歳！　万歳！」とあいさつする信者の子どもたちがいた。司祭館の2階は9人には狭いと思えたが、信者の家を訪問したときに、まだましなのだと気づいた。チマッティ神父は、「なんと貧しい私たちの信者たち！　イエス様のお生まれになった場所でさえもこんなには貧しくなかったと思う。私たちはこれから、貧しい人々に福音を述べ伝えることになる」と、トリノに書き送った。たしかに、イタリアの石の家に比べれば、当時の宮崎の家屋はひどく貧しく見えたのであろう。

　一行は、ドン・ボスコのように子どもたちから宣教を始めようと思ったが、言葉が問題だった。チマッティ神父はそのときのことをこう表している。「子どもたちは、私たちを見て話しているが、私たちはただ眺めているだけで、話せない像のようである」と。

　パリ外国宣教会との約束で、1年後にすべてをサレジオ会が引き継ぐことになっていた。何とかして、1年間で話せるようにならなければならない。小学校1年生用の教科書を手に、毎日勉強に励んだ。東京・調布のチマッティ資料館には、

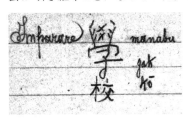

チマッティ神父が書いた漢字の練習帳

33

チマッティ神父が書いた漢字の練習帳が残っており、それを見ると当時の苦労がよくわかる。当時、彼は46歳、ほかの人たちもほとんど30歳を超えていた。日誌にこう記されている。「私たちは、ひげを生やした9人の小学生だ」と。

　5月、マリア様の月に、9人は勇気を出して短い話を準備し、先生に直してもらい、それを暗記して信者の前で話した。大人にも子どもにも話はよく伝わったが、ミサの後で神父たちに話しかけると、相変わらず前と同じように無口になってしまった。「変だなあ！　説教でよく話せたのに……」と、子どもたちは不思議がった。

アシジの聖フランシスコのために始まったコンサート活動

　同年10月4日、鹿児島でアシジの聖フランシスコ帰天700年のお祝いがあった。フランシスコ会はチマッティ神父に音楽の面での協力を依頼した。本人は喜んで引き受け、5回もコンサートを開いた。ピアノはチマッティ神父、テノールはマルジャリア神父、バリトンはリビアベラ神父で、大成功であった。新聞にも詳しい記事が載った。

　これこそ、宣教の新しい方法だとチマッティ神父は思った。それ以降、札幌から奄美大島、朝鮮、満州まで2000回もコンサートを開いたと言われている。プログラムの中に、教育や宗教についての講演も入れて、神の言葉を伝える機会にした。当時、外国人の歌手や演奏家が珍

1926年 3名の歌手。右から、リビアベラ、チマッティ、マルジャリア

しかったこともあるだろうが、何よりもチマッティ神父の演奏のすばらしさが成功の理由であった。その演奏に対しては、大人も子どもも喝采を送り、喜びの声を上げていた。ある女性はこう語っている。「私は5歳ぐらいのとき、母に連れられて音楽会へ行きました。母はチマッティ神父を指して、『ごらん、あの人は、私たちのためにイタリアからやってきた方よ』と言いましたが、私は『違いますよ。あの人は日本人です。とてもいい人ですもの』と言いました。『イタリア人にもいい人がいますよ』と母は諭してくれましたが、なんだか納得できませんでした。自分の小さな頭の中では、いい人は皆、日本人でした。そして、チマッティ神父は中でもいちばんいい人だったのです」

　神父たちが使っていた教科書には、よく詩が出てきた。それらを読んでいると、チマッティ神父の頭の中にメロ

ディーが浮かんだ。口ずさんでみて、覚えやすいことがわかると、すぐに、ページの縁に5線を引いて音譜を付けてみた。日曜日、教会の子どもたちが集まったとき、ピアノの前に座って教えてみると、皆喜んで歌ってくれた。こうして、多くの童謡が生まれた。昭和4年、『うたへやうたへ！』という小冊子2冊が印刷さ

うたへやうたへ！2

れ、全国で歌われるようになった。その中に「サルとかに」「でんでん むしむし」「うちの子ねこ」「ふじの山」「ねんねん ころりよ」「春が来た」など、数多くの楽しい歌が含まれている。

　コンサートのときも、クラシック曲の中に、童謡を交えることがよくあった。あるとき、前列に子どもが多かったので、観客にことわって、第2部を子どもたちにささげることにした。居合わせた人はこう言っている。「チマッティ神父は、軽業師のようにピアノで遊んだ。ピアノに背を向けて弾いたり、子どもに目隠ししてもらって弾いたり、ひじを使って弾いたり、鼻までも鍵盤に打って弾いたりもした。子どもたちにとって、この上ない喜びだった。これが、チマッティ神父にとっても最高の報償だった」

　1日に4回コンサートを開くこともあった。場所は、教会やミッションスクールだけでなく、日比谷公会堂やその他

チマッティ神父　日本を愛した宣教師

1930年4月22日　熊本でのドン・ボスコ記念コンサート

1934年10月　満州でのコンサート

の公のホールでも行われた。1934年10月、当時の満州、北朝鮮、韓国にも呼ばれ、いたるところで大歓迎だった。当時の日本人の有名な歌手や音楽家もチマッティ神父に協力した。

金なし、でも満足している

　チマッティ神父はコンサートで日本を1周してから、日誌にこう書いていた。「今回、回ってきたところでは1万人ほどの人々に接してきた。皆、何かよいものを得たと思う。私たちは、疲れて、金もなく、でも満足して帰ってきた」。実際、コンサートは教会やチマッティ神父たちに対する多くの好意をもたらしたが、金銭的にはほとんど助けにならなかった。

　宮崎に着いたとき、宣教師たちの生活は極めて貧しかった。1929年に経済大恐慌が起こってからは、イタリアからの援助も乏しくなり、食事や薬のお金にも事欠くようになった。自分たちで畑を耕し、ジャガイモや野菜を作り、牛を飼って、何とか生活費を稼げるようにした。当時の日誌を読んでみると、チマッティ神父が日本のサレジオ会の責任を負った戦後まで、常にお金のことで深く悩んでいたことがわかる。ある日、生活費が底をつき、トリノの本部に「パンがない！」と打電した。1931年の日誌には、こう書かれている。「私たちの予算はすっかり狂ってしまった。約束を守るためには借金をする必要が生じ、穴はますます大

きくなる。これは、私が経済について経験が不足し、皆も新しいことをやりたがるからである。今年は苦しみが多く、特に一部の会員は大変苦しんだだろうと思う。しかし、神様の御助けは私たちを見放さないであろう。貧しさのおかげで、皆、節約を学び、いっそう人々の助けを求めるようになった。主は、私の力不足からでさえよい結果をもたらしてくださる。神に感謝！」

日誌の中に、よくこのような言葉が出てくる。「主よ、あなたは私たちの状態をよくご存知です。お任せいたします。み心のままに！ 私たちが正しく生きていれば、あなたは必ず助けてくださいます」と。

チマッティ神父自身の生活は、質素そのものであった。今、調布の資料館に保存されている衣服、靴、カバンなどからもよくわかる。旅行のときはいつも3等車を使い、また、紙を節約するために、どんな小さな紙切れも大切にして、その白いところを手紙や記録、楽譜などに使っていた。現在残っている無数のこのような紙切れは、その清貧のあかしである。

17歳の宣教師たち

第1グループに続いて、1928年の暮れに3名、1930年の初めに10名、暮れに5名、1931年に8名の新しい宣教師がイタリアから派遣された。さらに、1930年には6名のサレジアン・シスターズ（扶助者聖母会）の修道女も事業を

1930年2月　大淀の神学校で学ぶ神学生

始めるために日本にやってきた。

　新しい宣教師たちの特徴といえば、彼らが若いということだった。中には17歳の人もいた。難しい日本語を学び、日本の文化に慣れるためには、若いうちに日本に来たほうがよいと判断されたからである。チマッティ神父にとって待望の人材ではあったが、同時に、経済的に大きな負担になることでもあった。養成のための適当な場所、そして教授陣が必要だった。結局、忙しい中、チマッティ神父もまた一部の授業を引き受けることになった。

　ひげを伸ばし始めたこの若者たちに、チマッティ神父はこう語った。「君たちこそ、日本の本当の宣教師になれる。言葉もよく話せるし、生活にもよく慣れるだろう。私たちは遅すぎた。もしも死ぬ前に君たちをよい宣教師にすることができたなら、私は幸せだ」。また、こうも勧めていた。

「よく学びなさい。日本人には高い教養がある。君たちが学べば学ぶほど、尊敬される」。当時の若者の一人はこう語っている。「私たちにとってチマッティ神父はお母さんのようだった」

しかし、バラは花だけではなかった。苦しみの刺もあった。特に、適性がなく、環境に慣れることができずに、精神的に行き詰まる者が出たことは大きな苦しみとなった。若さからくる問題もあった。ある日、二人の神学生は激しく議論し、互いに気分を害した。夜、チマッティ神父が音楽を教えている間に、二人は教室から抜け出した。中庭で激しくもみ合い、弾みでよろめいて雨戸に寄りかかり、雨戸もろとも教室の中に倒れ込んだ。驚いたチマッティ神父はテーブルを叩いて叫んだ。「何ごとだ!」教室中、雷に打たれたように、しーんとした。どうなることかと息をつめる皆に、チマッティ神父が言った。「さ、歌を続けよう」。これでことは終わった。

主任司祭の苦労と熱意

1927年、日本に着いた翌年、チマッティ神父一行は宮崎県と大分県の教会の責任を負うことになった。当時、教会は宮崎、大分、中津の3か所しかなかった。チマッティ神父は宮崎教会の主任司祭となった。彼はまず、信者たちの状況を把握するように努めた。資料館には1冊の貴重なノートが残っている。そこには、信者の家族構成、またそ

の一人ひとりについての細かい情報が記されている。また、日誌には教会の動きも詳しく記されている。宣教師たちは、信者が落ち込んでいるときには、勇気づけるためにあらゆる方法をとった。当時の信者の一人が、こう証言している。「信者に対するチマッティ神父の愛情と親しみやすさは印象的でした。この点では、信者との距離を保っていた以前の宣教師たちとまったく違っていました。その愛情は、表情や全身を通して表れていて、外国人という感じがせず、私たちの隔たりのない仲間の一人という感じでした」

1928年、長崎方面から信者のグループの一つが田野というところに来て、その土地を開拓し、住み着いた。現在は豊かな田園地帯となっているが、当時は大変貧しいところであった。この田野教会を育てるために、チマッティ神父は大変苦労した。交通が不便な場所だったので、雨天の日には1時間も泥道を歩かなければならなかった。日誌には「健康によくないから、他の神父を送るわけにもいかない」と書いている。

数年のうちに、高鍋、都城、別府の教会が生まれ、延岡教会も生まれた。しかし司祭が不足し、チマッティ神父は、日曜の午前中に3回も違う教会でミサをささげることがあった。現在ならば車で簡単に移動できるが、当時は汽車と徒歩で行くしかなく、断食も要求されていた時代なので、多くの犠牲をはらったことであろう。

1931年、信徒の意識向上と信心の高揚のために、聖体行列が行われ、宮崎市内で話題をよんだ。すべての信者、神学生、司祭が参加して、賛美歌を歌い、祈りを唱えなが

チマッティ神父　日本を愛した宣教師

1926年3月　宮崎の信者たちと

1931年5月17日　宮崎の橘どおりを通る聖体行列

ら、町の大通りを行進した。道の両側には市民が大勢並び、行事の意味を理解してもらうために、説明のパンフレット

を準備して皆に配った。

　チマッティ神父は出版物による福音宣教に最も関心を寄せていた。戦前の出版物の中で特に注目されるのは、1928年5月24日、来日3年目にして、月刊誌「ドン・ボスコ」が刊行されたことである。これは、主に宮崎県と大分県のすべての信徒や関心ある人々に配られていた。この月刊誌からはまだ日本語を十分に話せない彼らの熱意が感じられる。この機関紙は、1945年に「からしだね」となり、1952年から現在の「カトリック生活」となった。なお、当時の出版社は、現在の「ドン・ボスコ社」である。

シスターの助けも必要

　チマッティ神父が最も心を痛めたことは、貧しい人々、特に見放されたお年寄りや子どもたちのことであった。当時、社会福祉制度がまだ充実しておらず、このような問題の解決はすべて個人に任せられていた。教会はイエスにならい、できるだけこのような人たちを世話するように努力していた。そのため、来日したサレジアン・シスターズは別府で乳児院などの事業を始めることにした。

　宮崎と熊本の県境に人吉という町があり、そこではマリアの宣教者フランシスコ会のシスターたちがハンセン病患者のための施設を開いていた。大きな悩みは、患者たちの子どもたちをどうするかであった。当時の医療水準では、この子どもたちが親と同居すれば感染するおそれがあった

からである。シスターはチマッティ神父にその子どもたちのことを相談した。

　チマッティ神父は助任司祭のカヴォリ神父と相談した。その結果、宮崎教会に日本で初めての女性の聖ビンセンシオ・ア・パオロ会が誕生し、その協力を得て、子どもたちを信徒の家庭に委託する試みが始められた。お年寄りや病人の在宅訪問も行われるようになった。しかし、施設に収容する必要のある人もいたため、「救護院」と呼ばれる施設が生まれ、その落成式が1932年12月18日に行われた。宮崎市もこの事業を歓迎し、経済的に協力した。カヴォリ神父が院長となり、マリア長船タキが主任を引き受け、「愛子会」と呼ばれる有志の女性グループが奉仕するようになった。

　チマッティ神父はこれらのことについて次のように書いて

宮崎救護院の幼年部

いる。「初めから完全なものを求めれば、いつまでもたっても始まらない。一応、この事業は歓迎され、天の祝福をもたらし、人々や国も私たちを祝福してくれるだろう。これこそ、宣教の本来の事業である。貧しさと接することによって、私たちは今、清貧を理解することになる」

次第に事業は大きく発展した。その継続を図るため、チマッティ神父は邦人女子修道会が必要であると、早くから悟っていた。ついにカヴォリ神父の賛同と教会の許可を得て、1937年8月15日、「宮崎カリタス修道女会」が正式に誕生した。この修道会はサレジオ家族のメンバーとなり、海を越えて1000人以上の修道女が韓国や南米、フィリピン、ヨーロッパなどで活躍している。現在は「イエスのカリタス修道女会」と改名し、本部をローマに置いている。

東京の子どもたち

1932年、チマッティ神父は「子どもたちの教育を目的とするサレジオ会が、なぜ、東京に来ないのか」と、東京のシャンボン大司教から言われた。いずれは東京にも行くことになるだろうとチマッティ神父も思っていた。提示された場所は荒川区の三河島であった。彼は日誌に「ここは、東京で最も貧しい地域の一つである。道には子どもたちがあふれている。ここに来るべきだ」と書いた。

1933年1月末、サレジオ会は三河島に来た。宮崎と同じように、貧しい家、小さな運動場から始まったが、そこ

1937年8月22日　宮崎カリタス修道女会の最初の着衣式

1933年　三河島教会の教会学校

には音楽と喜びがあり、子どもたちはこぞって集まってきた。チマッティ神父は書いている。「ここは、サレジオ会員のた

1935年　東京育英工芸学校の落成式

めの場所である。午後になると、運動場は子どもたちでいっぱいになる。もう場所は狭くなってきている。ドン・ボスコはトリノの街まで子どもたちを探しに行っていたが、ここはその逆だ。子どもたちが私たちを探しに来る。遊べる場所があることは、彼らには信じられない。私たちも、こんなに簡単に教会学校が始められるとは思っていなかった」。そうして、ここにも教会と保育園とができた。

　続いて、大分教会に始まっていた印刷学校、ドン・ボスコ社も東京に移された。1935年には、そのための職業訓練校として、東京育英工芸学校を創立。戦後、育英工業高等学校と改称し、その隣にカトリック下井草教会が建てられた。そして2005年にサレジオ工業高等専門学校と改称し、町田市に移転し現在に至っている。

チマッティ神父　日本を愛した宣教師

「見せ物になりたくない」

　10年間の仕事の結果、宮崎、大分両県の信徒はかなり増加した。1935年1月28日、教皇庁はこの地区を「知牧区」にした。教会の用語で、「教区」に準ずるものである。チマッティ神父はその「教区長」に任命された。

　こうした任命を喜ばなかったのは、本人だけであった。以前からチマッティ神父は人の上に立つ役職は嫌いだった。長上には、「私には、命令するより、従うほうが似合います」と書いていた。しかし、すでに宮崎と大分からなる独立宣教区の責任者であったため、いつかは教区長にもなる、と言われていた。神父はリナルディ総長にこう書いた。「なぜ、私の気をくじくのですか。静かに仕事をさせてください。私には、飾りや衣装はいりません。見せ物になりたくないのです。……名誉職、飾り、特別な服装など与えないでください。部下として働き、舞台の上で人を笑わせたり、ピアノを弾いたり、歌ったり、踊ったりするのが私にはふさわしいのです。今、私の胸のうちに、生まれた故郷から受け継いだ反抗心が湧きあがっています……。私は、部下の立場で結構なのです。むしろ、上に立つ人に対して哀れささえおぼえます。私もそうなるのかと思うと抵抗を感じ、不満を申したくなります。……〈モンシニョーレ（閣下）〉のような称号や飾りなどは、芝居がかって見えます。どうお思いですか。赤帯をまとったドン・ボスコなど想像おできになりますか。そんなものは、私には似合いません。私は、自由な神の子のままでいたいのです」

しかし、ローマからの任命を受けたとき、チマッティ神父は素直に従った。ただ、イタリアの教え子たちが教区長の衣装、赤い帯や儀式のための司教冠を送ってきたときだけは、それをそのまま送り返し、「私の貧しい人々にはこうした格好よりもパンが必要です。これらを売って、その分の代金を送ってください」と書いた。

　会員たちは〈モンシニョーレ〉と呼ぶことにしたが、これについては少々不満ではあっても、そのままにさせた。だが、生活のスタイルは少しも変わらなかった。同じ貧しい服、同じ大きな靴、同じ仕事、同じほほ笑み。ある日、チマッティ神父が破れた古い唐傘をさしているのを見かねて、注意した人がいた。神父は「私は旅行中よく眠ってしまうのだよ。これならば、盗られる心配もない」と答えた。

　なお、経済的悩みはその後も続いた。「宣教をするために来たのに、いつも会員と神学生を養うお金のことで悩んでいます。長上に指導と金銭的協力を願いましたが、何も来ません。どうすればよいのでしょうか。すべてを神様の御手にお委ねしますが、ここは荒波です。そして、私は泳げません。毎日が大変です」とリナルディ総長に手紙を書いていた。

「君たちは私たちの後継者」

　戦前の日本の政治は外国人宣教師に対し、決して好意的ではなかった。「日本において、外国人であることは大

1931年　中津の小神学校とその年の生徒

変なことだ」と嘆いたこともあったほどである。そのため、日本の宣教は日本人が担うべきだ、邦人司祭を養成することが急務だ、と考えるようになり、早くから大分の中津教会に司祭職を希望する若者を集めていた。1930年には中津教会の敷地内に、1933年には現在の宮崎の日向学院があるところに、小神学校が建てられた。「志願者を探すことは、発展するために欠かせないことだが、応募者は私たちが望むような者ばかりではないだろう。やはり、育てる必要がある。そのために苦労、犠牲、手間、お金がいるであろう」と、チマッティ神父はサレジオ会員に諭していた。応募者の多くは長崎のキリシタンの子孫だった。その中にはドン・ボスコ伝を読み、チマッティ神父のコンサートを聴いた人もいたが、多くは貧しい家庭の人々で、育てるための経済的負担も大きかった。

この小神学校でも、チマッティ神父は一部の授業を受け持つことになり、また、適任者がいなかったため、校長も引き受けた。彼は生徒たちに「私たち宣教師は、いろいろな事業を起こし、運営するけれども、いつかは天国に召される。そのとき、君たちが私たちの後継者になる。君たちは私たちの子だ。早く成長してくださいよ」と話していた。

　1936年、ついに小神学校を卒業した最初の日本人であるサレジオ会の修練者と、最初の哲学生と大神学生が生まれた。サレジオ会の神学校は練馬区にできたが、1950年、現在の調布に移転した。

辞表も神の恵み

　1939年3月19日、宮崎小神学校出身の最初の邦人司祭が誕生した。10年の労苦の実りだった。チマッティ神父は彼の前にひざまずいて祝福を願い、喜びの涙を流した。続いて何名もの学生が彼らの後に続こうと志したが、そのとき、世界の空には不気味な黒雲が広がり始めていた。

1939年
宮崎小神学校で公教要理勉強の受賞者

1941年2月　出口一太郎教区長とサレジオ会員と宮崎教会委員

　当時、日本の政治は軍部の手に落ち、1937年7月には中国への侵略が始まっていた。国中に国粋主義の風潮が強まり、神社参拝が忠誠のしるしとして義務づけられた。これには宗教的な意味はないと政府は釈明したが、宗教団体に対する監視の目は次第に厳しくなった。チマッティ神父はイタリアの長上に手紙を書いた。「これは一種の病気です。最悪の事態を避けるために、早急に手を打たねばなりません」。バチカンの教皇庁も、より困難な時代を見越して、一つの決断に踏み切った。日本の教会における指導のポストをすべて日本人の手に渡す。指導の立場にいる外国人宣教師は、皆、辞表を出す、というものであった。

　全国司教会議の席でこのことが発表された。重たい雰囲気の中で最初に辞表を提出したのは、チマッティ神父だった。「私にとって、神様の恵みです。いずれこうなるは

ずだったことが、早く来ただけです。これからすぐに聖堂に行って、神様に感謝の賛歌を歌います」と書いた。また、「これで15歳も若くなる」と言っていた。

宮崎でチマッティ神父の後継者として任命されたのは、鹿児島教会出身の神父であった。チマッティ神父はその就任式の席上で歓迎の言葉を述べ、その後も常に尊敬の態度を示したが、残念なことに、当時は極端な国粋主義の時代であったため、大変苦しむこととなった。彼の考えは、宮崎県の信徒のためには司祭二人で足り、外国人の宣教師は不要である、というものだった。1943年、宮崎小神学校も閉鎖せざるを得なくなった。戦争が終わるまで、宮崎県では宣教の仕事がほとんどできなくなり、残った小神学生は東京の練馬の神学校に移された。

「骨の髄まで日本人になりたい」

チマッティ神父は、「私は骨の髄まで日本人になりたい」と決心していた。これこそ、真の宣教師となる秘訣であろう。チマッティ神父が来日したのは46歳のときだった。そのため、彼の日本語は決して上手ではなかったが、彼の作った音楽には、彼が日本の心を深く理解していたことがよく示されている。

1940年、日本の建国2600年が祝われた。これは、神話に基づくことであったが、チマッティ神父は宣教師として日本国民の喜びに参加すべきだと考え、『国の肇を讃えて』

1940年1月3日　宮崎のNHKで建国2600年記念のピアノソナタを放送

というピアノ・ソナタを作曲した。これは、1月3日12時5分、昼のニュースの後に、NHKから生中継で全国に放送された。

　同年1月25日には、東京の日比谷公会堂にて、ヘルマン・ホイヴェルス神父作詞、チマッティ神父作曲のオペラ『細川ガラシア』22番が歌舞伎座の役者により上演された。同年5月、大阪の朝日会館でも上演され、かの有名な朝比奈隆が指揮者を務めた。これは日本で最初のオペラであった。主人公ガラシア夫人は、多くの日本人に親しまれているキリシタンである。日本の伝統的演劇にイタリアのオペラの要素を組み合わせたものとして、朝日新聞には「日本人のものよりも日本風である」と評価された。

　そして11月11日、宮崎市の依頼で、同市に建つ「平和

の塔」(当時「八紘台」)の落成式のために、ピアノ曲をかいた。これもまた、国民への尊敬を示すためであった。

さらに1941年、チマッティ神父は最初の「日本語の歌ミサ」を作曲した。これはまだミサがラテン語でささげられていた第2バチカン公会議の典礼改革より25年も前のことである。この歌ミサは、少し編曲された形で、現在の『カトリック聖歌集』56番〜60番に記載されている。

オペラ『細川ガラシア』の他、次に記すキリシタン関係の作曲にも、チマッティ神父の日本の歴史特にキリシタンの歴史への深い興味が示されている。

―聖フランシスコ・ザビエル来日についての3つの歌
　　601番、570番、586番
―1559年の平戸の迫害を歌う
　　オペレッタ「La croce sul colle　丘の上の十字架」18番
―1582年に派遣された天正使節
　　ローマに遣わされたる使者を偲ぶ歌 752番
―1597年の日本の26聖人の歌 974番
―1614年の慶長遣欧使節を歌う
　　オペレッタ「支倉六衛門」23番
―1637年の島原のキリシタン弾圧を歌う
　　オペレッタ「原城なく」34番
―1640年に追放された外国人との既婚者を歌う
　　未完成オペレッタ「ジャガタラ」745番
―1669年の全国に導入された絵踏み制度を歌う
　　踏絵　642番

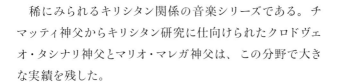

稀にみられるキリシタン関係の音楽シリーズである。チマッティ神父からキリシタン研究に仕向けられたクロドヴェオ・タシナリ神父とマリオ・マレガ神父は、この分野で大きな実績を残した。

戦争の悲劇

1940年6月10日、イタリアが戦争に入った。チマッティ神父は日誌の中に書いた。「とても悲しいニュースである。落ち着いて、神様に祈ろう。マリア様、祖国を救ってください」。当時、日本・ドイツ・イタリアが「日独伊三国同盟」を結んでいたため、イタリア人宣教師に心配はないと思われたが、実際は、常に憲兵によって監視され、その行動

1939年6月17日　守衛で病人への堅信式

1943年　三河島教会

に多くの制限があった。

　教区長を退いたチマッティ神父は、1941年5月に東京のサレジオ神学校へ移転し、同年12月からは人不足のため、三河島教会の主任を兼任した。練馬と三河島を行き来するチマッティ神父の苦労を見た若い神学生が、2台の自転車を溶接し、自転車に乗ったことのない神父を乗せて、駅まで送っていた。彼らが二人乗りをしているのを見て呼び止めた警察官も、二人乗り用自転車にはびっくりしていたという。

　1941年12月8日、無原罪の聖母の祝日の朝、真珠湾攻撃をもって日本も戦争に突入した。チマッティ神父は聖堂にいたときにこれを知らされ、深い悲しみのために、頭を下げて祈った。10日の日誌には、「戦争開始の知らせのため、誰もが興奮している。皆に落ち着きを保って祈るよう

に勧めた」と書いてある。

　非同盟国の宣教師は監禁され、日本人神学生のほとんどが徴兵された。残された宣教師たちにとって、最も厳しい時期の始まりだった。食糧が不足し、いなくなった人の分も働かなければならなかった。

　管区長のチマッティ神父が九州へ行くには毎度許可が必要だった。汽車に乗ったら、交代で憲兵がそばに座っていた。途中で8名も交代したこともあったという。「私は大変偉い人か、または大変危険な人だろう。しかし、どっちでもない。でも眠る監視人とは……」と冗談を言っていた。

　1943年8月、イタリアが敗戦し、イタリア人は皆敵国の人とみなされるようになった。三河島教会の信者やシスターも、典礼書にあるラテン語のミサ以外、話も説教も禁じられた。チマッティ神父は、シスターたちのところでミサをささげるとき、典礼書を読む振りをして、イタリア語で説教した。この状態は1か月続いたが、神父たちの誠意を認め、やがて当局はこの禁令を解いた。

　同じ年、アメリカ軍は太平洋で全面反撃に出た。人的物的損害は数えきれなくなった。食糧難はいっそうひどくなり、宣教師たちも毎日大変苦しむようになった。東京も空爆が始まった。まず偵察機が飛んで、次は街を火の海に変える。人々はいつも防空壕に入る準備をしていなければならず、その恐怖で神経をとがらせていた。サイレンが鳴ると、チマッティ神父は人々が防空壕に入るのを見守り、自分はロザリオを手に入り口の外で祈っていた。東京の大神学校にも死傷者が出て、関口教会も破壊された。サレジ

オ会の若い外国人神学生は、戦争の最後の4か月間、長野県の野尻湖畔に疎開させられたが、チマッティ神父は東京に残った。

戦死した若い教え子たち

戦場から会員の手紙が届き始めた。グレゴリオ立石此吉の手紙には「クリスマスは爆弾や砲弾が飛び交う山の中で過ごしました。皆さんのことをとても懐かしく思っています。夜、イエス様がお生まれになったベツレヘムのことを思い起こしました。お正月も戦いの中でした。いつ、皆さんと一緒に『地上には善意の人に平和あれ』と歌えるのでしょ

1941年1月31日　誓願式
左から恵美漸吉、板倉豊、ボヴィオ神父、吉田耕一、岩下虎吉、チマッティ神父、スクラッゾロ神学生、タシナリ神父、金元三代二、山口哲郎、松尾栄一郎

うか。私のために祈ってください。私もドン・ボスコの子どもです」とあった。

　タルチジオ甲斐成大のフィリピンからの手紙には「元気でやっています。私のために祈ってください。ただいま、南に向かっていますので、返事を書かないで結構です」とあった。

　ヨハネ西村四帰児の手紙には、満州で負傷していて、「ただいま、大連の近くの病院にいます。朝は寒く、傷がとても痛みます。しかし、ロザリオを手に持っています。戦場でも唱えています。私のために祈ってください」とあった。

　しかし、次第に訃報が届き始めた。

―修道士　立石此吉
　1943年（25歳）、熊本の病院にて死亡。
―神学生　西村四帰児
　1945年（30歳）、結核によりフィリピンにて死亡。
―志願者　戸村正一
　1943年（19歳）、結核により東京にて死亡。
―神学生　甲斐成大
　1943年（22歳）、太平洋戦線でニューギニアにて死亡。
―神学生　牧政治
　1944年（32歳）、船の沈没によりフィリピンにて死亡。
―神学生　吉田耕一
　1945年（22歳）、ビルマ（現在のミャンマー）にて死亡。
―神学生　岩下虎吉
　1946年（24歳）、シベリアにて死亡。

チマッティ神父は、一人ひとりのために泣いた。そして、最初の4名の短い伝記を書いた。デル・コル神父がその続きを書いた。結局、日本人会員を育てた15年の苦労と希望とが消えてしまったのである。彼は日誌に書いた。「主よ、あなたはきれいな花を摘み、役立たずの私をお残しになりました。イエス様、羊飼いの私の命はお取りになってもかまいません。羊を救ってください」

広島・長崎、終戦、そして再建

　1945年8月6日、広島に原爆が投下され、9日、長崎に原爆が落とされた。新聞には「被害は軽少であった」と書いてあった。後で事実を知ったチマッティ神父は、浦上の信者の悲劇を聞き、泣いた。その教会は、最初のサレジオ会員が出た教会でもあったのである。

　8月15日、聖母の被昇天の祭日に戦争が終わった。「マリア様への最高のプレゼントである。神に感謝！」と日誌に書いた。そして、すべての会員に、「これからが再建のときだ。日本と人々の霊魂の救いのために精いっぱい働こう。……皆、自分の持ち場へ戻ってください。信仰生活を再建し、協力できる人々と手を結んで、召し出しを探し、出版を活性化しよう。言葉は少なく、実践を多くしよう！」と呼びかけた。

　戦争の結果、東京は焼け野原になっていたが、物的損害よりも精神的損害のほうが大きかった。国民は失望し、

チマッティ神父　日本を愛した宣教師

1946年　中津ドン・ボスコ学園

精神的混乱に陥っていた。多くの家庭が崩壊し、戦災孤児や非行に走る浮浪児があふれていた。誰にとっても、毎日生き残るための戦いだった。チマッティ神父は、特に子どもたちの救いがサレジオ会の使命だと判断し、すぐに行動に移るように、と会員に指示した。

1946年、戦災孤児を収容するため、東京には小平のサレジオ学園、大分には中津ドン・ボスコ学園ができ、宮崎小神学校の跡には日向学院中学校・高等学校が設立された。会員たちは、チマッティ神父を手本にし、彼の言葉に励まされ、全力を尽くして新しい事業に次々と取り組んだ。この熱意を見て、チマッティ神父は一つだけ心配をした。「日本の子どもたちを救うのは鉄筋コンクリートではない。あまり大きな事業に手を出さないようにしよう」と警告した。

戦後の悲しい帰国

1947年4月、サレジオ会の総会に参加するため、アメリカ経由でイタリアへ帰国した。初めてハワイを訪れたチマッティ神父は、「熱帯気候なので、どこでも花、花、花。ハワイアン音楽のメロディーはよいが、ダンスに伴うあの感傷的なギターの音と動く尻は気に入らない。日本のダンスのほうがよほど上品である」と書いている。船上で、彼の敬虔な姿を見た9人のユダヤ人が、ユダヤ教のラビだと思い、祈るための規定の10人を満たすため招こうとしたという。彼らは共に笑った。

サンフランシスコからニューヨークまで合衆国を横断し、そして無事にイタリアに着いた。チマッティ神父は故郷ファエンツァを訪れたが、そこは戦時中、町を流れる川を戦線

1947年　ドン・ボスコが育った家の前で「父の家」を教える

としていたため、生まれた地区の大半が整地され、生まれた家もなくなっていた。橋を渡って友達の家を探す勇気もなかった。多くは命を失っていた。

それからトリノの本部を訪れ、戦時中、長上に送れなかった重要な書類を手渡し、口頭で日本の現状を報告した。総会は8月後半だった。チマッティ神父はその前後で、日本に派遣されている宣教師のほとんどすべての家族を訪問し、彼らの話を聞かせ、慰めた。また、イタリアを回って、サレジオ会の事業や教会などで日本のことを紹介し、日本の再建のために協力を求めた。イタリア滞在中、1年間で250回以上も講演を行い、12月12日には教皇ピオ12世と謁見している。

最後のひと踏ん張り

1948年7月上旬、チマッティ神父は日本に戻った。日本は再建に必死だった。民主主義体制も次第に定着しはじめていた。宣教活動の新しい機会と見て、次々と新しい修道会が来日し、多くのカトリック教育・福祉事業が展開された。サレジオ会も今までの事業を固め、新たに大阪に大阪星光学院中学校・高等学校を設立、東京では目黒の碑文谷にサレジオの事業（オラトリオ）を起こして土台を築いた。チマッティ神父は東京と九州を行き来しながら、忙しい1年で最後の点検、最後の仕上げを成し遂げた。

イタリアに滞在中、チマッティ神父は長上に手紙を書い

ていた。「おかげ様でまだ元気で、苦労をいといません。宣教地も修道会も土台が敷かれた今、さらに強化する必要があります。そのためには、若くて強い指導者が必要です。私は、2次的なポストで結構です。20年もこの立場にいるので、交代をもって会員によい手本を示すべきです」

　ついに、長上はその願いを受け入れた。管区長の任期は1949年11月末までと決まった。最後の事業は下井草教会の認可を得ることであった。戦時中、宣教師が助かるなら、「キリスト信者の助けなる聖マリア」に聖堂をささげると誓願していた。その約束を果たすことができた。日誌にこう書いた。「11月末、敬愛する新管区長に任務を引き渡す。これからの新しい生活において神の栄光、人々の救い、特に自分の霊魂の救い、また善き死を準備できるよう主の助けを願う。サレジオ会員チマッティ神父」。こうして、日誌も終わった。

　長上には、「神に感謝！　これから、どこに送られても結構です。管区は貧しいですが、借金はありません。どうも、私はお金のことがよくわかりません。まだ新しい任命を受けていませんが、何か仕事をくださるでしょう。沈黙、謙虚さ、祈りの中に私の力を発揮したいと思います。新管区長タシナリ神父様に、どんなことでもやる用意があると申し上げました」と書いた。

元管区長は図書館係となる

　チマッティ神父は、宣教師として働けると期待していた。教会で直接宣教に携わることこそ、若いときからの理想だった。ところが、戦前・戦中・戦後と、25年間も長の荷を負った敬愛する恩師を見てきた新管区長は、彼を落ち着いた場で休ませるべきだと判断した。このとき、チマッティ神父は70歳になっていた。

　その任務の最後の課題の一つは、練馬のサレジオ神学院をどこか新しい場所に移すことであった。12月27日、新管区長はチマッティ神父の新しい任務を発表した。神学生の授業、聴罪司祭、図書係がそれであった。移転先が調布に決まったのは、そのすぐ後、1950年の初めであった。神学校を目の瞳のように大事にしたチマッティ神父にとって、いちばんふさわしい立場だと判断したのである。

　しかし、チマッティ神父にとっては大きな犠牲となった。従順な彼は口にさえしなかったが、長上や親友へ宛てた手紙には、「もっと仕事をください」とあり、その気持ちが表れていた。日本全国を歩き回っていた彼にとって、図書館の狭い事務室に閉じこもる地味な仕事は、大苦行だった。調布の資料館には、その2年間の

チマッティ神父手書きの16冊の図書台帳

苦悩の実りが保存されている。手書きの図書目録である。数冊にわたって、12000冊の本のデータが記されている。紙は、裏面がプリントされている再利用のわら半紙。この偉人の勤勉さと謙遜のしるしである。神父は神学生に言っていた。「年だから、休みなさいと言われた。しかし、神様の恵みで天国に行ったら、何でもやってみせる」

「さあ、散髪してください」

　1952年5月、チマッティ神父はサレジオ会の総会に参加するため、イタリアへ行くことになった。今回は、日本管区の会員を代表してのことである。3月7日、調布の支部会議で、管区会議への支部代表者が選ばれ、チマッティ神父が当選した。彼は拒否したが、4月18日に調布で開かれた管区会議でも、本人が参加していなかったにもかかわらず、満場一致で管区会員代表者に選ばれた。神父はそれも拒否したが、第2投票で、また満場一致で再選されてしまったのだ。今度は賛成せざるを得なかった。タシナリ神父に「会場で私の手紙をお読みにならなかったでしょうね」と言うと、彼は「今、管区長は私です」と言った。チマッティ神父はそのまま頭を下げて「いつ出発ですか」と聞き、イタリアへ行く準備にかかった。

　トリノに着いたとき、チマッティ神父は総会準備の舞台裏で、自分を本部所属の評議員にしようとする動きがあることに気づいた。そうなれば日本に帰れなくなるし、自分

は適任でないと確信している指導の立場にまた置かれることになる、と心配になった。

一緒に総会に参加していたタシナリ神父はこう証言している。「イタリアに着いてから、チマッティ神父の態度は急に変わった。普段より疲れた様子を見せ、肩を曲げたまま、足を引きずるようにして歩いていたのである。ひげ

散髪してくれるタシナリ神父

や髪の毛を伸ばしっぱなしにして、年をとった感じだった。私がいつも神父のひげと髪の毛を刈り上げていたので、『少し整えてあげましょうか』と言っても、いつも『今は時間がない』と断ってきた。これは、最高評議員の選挙が終わる日まで続いた。開票が始められ、現役評議員とチマッティ神父の接戦となった。チマッティ神父は自分の名が読まれるたびに、頭を下げて体を震わせていた。結局、わずかな差で現役評議員が再選された。チマッティ神父はとても明るい表情なり、拍手を送った。そして、会合が終わるとすぐに私のところに来て、ほほ笑みながら『さあ、散髪してください』と言った。そのときから、以前と同じように元気よく歩けるようになった」

院長の慈父のこころ

　日本に戻ったとき、チマッティ神父は、調布サレジオ神学院の院長に任命された。73歳だったが、若者のような元気を見せていた。以前と同じように、神学、教育学、教父史、司牧を担当していたが、言葉よりも生活の手本で若い神学生たちを導いていた。

　彼は院長でありながら、毎日、運動場で皆の喜びに参加し、審判や応援もやっていた。作業のときも、一緒に畑でジャガイモを拾ったり、草取りをしたりしていた。また朝早く起きて、皆が聖堂に入る前にストーブをつけ、皆のために部屋を暖かくしていた。しかも、靴音で寝ている者を起こさないように、靴を手に持って廊下を歩いていた。食事のときは食卓を準備し、奉仕して皿を片付けていた。

サッカーボールを蹴るチマッティ神父

1958年　新司祭から祝福を受ける
左側はコンプリ神父

チマッティ神父　日本を愛した宣教師

　ある日、コンプリ神学生が、院長の疲れている姿を見て、「神父様、この仕事は私たちがします。なさらなくて結構です」と言うと、院長は厳しい、悲しい目をして、「コンプリ、君は年寄りの気持ちがわかっていない。君たちが全部やったら、私は何をすればよいのかね。私にも何かさせてください」と言った。コンプリ神学生は一生、その教訓を忘れなかった。

　チマッティ神父が長生きして、充実した人生を送ったのは、自分の能力を完全に発揮したからであった。何もしないでいることはできなかった。神学生たちとの遊びに参加できないときも、雑草を取ったり、ごみを拾ったりして、いつも何かをしていた。日曜日は、日曜学校の子どもたちが講堂に集まると、彼も一緒に来て、ピアノの前に座り、「どんな曲を弾きましょうか」と言って、気持ちよく歌を盛り上

1955年　オペレッタ"La Croce sul colle"『丘の上の十字架』

げてくれていた。「子どもたちの歌は耳で聞くのではなく、心で聴くのだ」というドン・ボスコの言葉を実行していたのであった。また、「仕事に貴賤(きせん)なし」ということを、彼は示してくれていた。他人に役立つことができれば、幸せだったのである。

　1955年、チマッティ神父は叙階金祝を迎えた。3月16日には、彼の教え子でもあったジジョッティ総長が来日した。19日、チマッティ神父叙階50周年の荘厳なミサがささげられ、総長は説教の中で、恩師をサレジオ会員の模範として紹介した。その日のパーティーには80名ほどの人が参加した。午後には、オペレッダ"La Croce sul colle"『丘の上の十字架』が上演された。調布支部の日誌には、「チマッティ神父にとって、これほどほめられるのはたいへん辛いことだっただろう」と書かれている。

1956年　調布サレジオ神学院でオルガンを弾く

チマッティ神父　日本を愛した宣教師

イエスとマリアのみ、まことの光

　1957年3月22日の寒い朝、チマッティ神父は祈りのため聖堂に入ったが、ひざまずき台に寄りかかったまま、言葉が出ない状態になってしまった。意識だけははっきりしていた。数名で2階の部屋に運び込むと、仕事の机に行こうとし、何かを言おうとしていたが、通じなかった。寝かせて、救急車が来るまでの間、居合わせていた管区長は病者の秘跡を授けた。本人は落ち着いた表情で、手を合わせて、信心深く一緒に祈った。軽い脳血栓だった。聖母病院に入ったが、1週間で退院できた。戻ってきたとき、新しい歌を教えてくれた。救急車の中で頭に浮かんだ、と言っていた。「マリア様、天の后、私の愛の母、マリア様……。世の中すべて暗闇で、御子のイエスとあなたのみ、

1957年1月31日　駐日イタリア大使から勲章を授かる（阿部徹夫氏撮影）

心を照らすまことの光……！」という歌詞で、メロディーはその心の状態をよく表している神秘的なものであった。

少しずつ回復して、そのまま1962年3月15日まで院長の仕事を続けた。神学生に言っていた。「私たちが目の前に置くべき理想は、イエスです。基本は、自分をイエスと同じようにささげることです。……完徳を目指す人は、十字架を見るべきです。そして、実生活の中の毎日の小さな十字架をささげるのです。毎日の自分の務めこそ、神のみ心であることを考えましょう」

院長職を退任したのは、83歳のときであった。すぐ、後任の院長に宛てて書いた。「これからは、完全にあなたの手の中にいます。どんなことにおいても従います。ただ、私を我慢してください。そして、神様が呼んでくださるとき、よい死を遂げることができるように助けてください」

「今、私の仕事は祈ること」

調布での生活は今まで通り続いた。1962年の夏は野尻湖にも行った。神学の復習、授業の資料の準備、植物などの採集、小さな手伝いに時間を使ったようである。しかし、次第に力が衰え、階段を上ることも苦しくなってきた。冗談で、「富士山を登っているような感じがする」と言っていた。

1963年5月30日、だいぶ衰弱してきたので、検査のために一時入院した。1か月後、在宅介護をすることに決まり、

チマッティ神父　日本を愛した宣教師

野尻で働くチマッティ神父

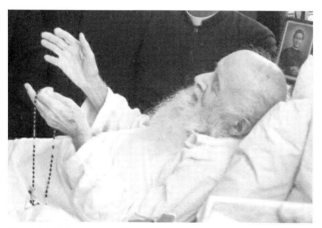

常にロザリオを握るチマッティ神父

寝たきりの生活が始まった。仕事が大好きなチマッティ神父だったが、もうひとりで自分のことができず、他人に頼ら

ざるを得ない状態だった。手紙を書くにも、ほとんど代筆が必要になった。「今、私の仕事は祈ること」と言い、「神の愛のうちによき死ができるようにお助けください」と繰り返していた。

1963年11月8日、天皇陛下より、勲三等瑞宝章が贈られた。

チマッティ神父は、病人として模範的だった。明るく、我慢強く、常にロザリオを手にして皆のために

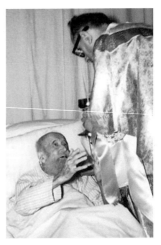

1963年12月8日 「おお、イエスよ、おお、イエスよ！」と何回も繰り返しながらご聖体を受ける

祈っていた。資料館には、毎日の記念する聖人の名と、その日に洗礼名を祝う教え子、友人、恩人たちの名前が書かれた小さな紙切れが残されている。毎日の祈りの中に、彼らを思い出していたのであろう。話すことができたときには、お祝いの言葉も贈っていた。1964年8月末までは、座ったままミサをささげることも許されていた。「ありがとう」「神に感謝！」「み心のままに！」「イエス様、マリア様、愛しています！」などの言葉がよく聞かれた。身の回りを世話してくれていた神学生に、「マリア様も幼子イエス様に同じようにしていた。いつもありがとう」と励ましていた。

最後の数か月は、目も見えず、耳も聞こえず、この世との関係が絶たれたような状態であった。

チマッティ神父　日本を愛した宣教師

「行きましょう、主の平和のうちに！」

　1965年10月6日の朝早く、チマッティ神父の様態が悪くなり、院長は会員を集めて、彼の部屋でミサをささげることにした。駆けつけた主治医の森口幸雄氏はその手を握って脈を確かめていた。ちょうど、司祭がミサの終わりに「行きましょう、主の平和のうちに！」と唱えたとき、脈が止まった。チマッティ神父の人生のミサが終わったのだった。

　86歳であったチマッティ神父は、あこがれていた天の父のもとで永遠の命をうけ、私たちは、神のもとで取り次いでくださる一人の聖人を得たのである。

　葬儀は、彼がその建設を望んだ下井草教会で行われた。その後、「日本の土になりたい」と言っていた本人の望みを実現するために、府中カトリック墓地に土葬された。

1977年　列福調査が行われた

調布サレジオ神学院の地下聖堂にある石棺

1967年10月4日、調布サレジオ神学院の敷地内に新しい聖堂が完成し、遺体はその地下聖堂に移された。

そして1976年11月26日、東京教区で正式に列福調査が始まった。1977年11月18日、教会の規定に従って棺を開き、東京の白柳誠一大司教が立ち会う中、2人の医師が遺体を検証した。医師団は次のとおり証言した。

「遺体はミイラ状態に非ず、死蠟状態に非ず、白骨化せず、全身にやや湿潤す。死臭は存せず、ただし、特別の匂いあり。皮膚は弾力性あり、……軟部組織は柔軟にして弾力性あり、……諸関節は他動的にほとんど正常範囲まで運動可能なり……。以上の所見を総合して、死後12年を経過したる死体としては、われわれ2人の医学常識によっては説明することは不可能なものであることを認めたい」。遺

体は新しい服を着せられ、新しい石棺に安置された。

　1991年12月21日、列福調査の結論として教皇ヨハネ・パウロ2世はチマッティ神父の聖徳についての最終的判断を下し、「尊者」の称号を与えた。これは、信仰・希望・愛に基づくその英雄的な生き方を認め、聖人になる資格があるという意味である。

　今後、チマッティ神父が福者また聖人として認められるためには、その取り次ぎによる一つの奇跡が必要である。そのために、私たちは今、その取り次ぎを願って、祈りをささげるのである。

ヴィンチェンツォ・チマッティ神父　年譜

1879年 7月15日	イタリア中部ファエンツァの貧しい家庭で、父ジャコモ、母ローザの6男として誕生
1882年 4月 4日	2歳の時、父ジャコモと死別
5月14日	ファエンツァを訪れたドン・ボスコを見る
1896年10月 4日	サレジオ会入会、ヴァルサリチェ学院入学
1899年10月	トリノ大学自然科学農学部入学
1900年 8月25日	パルマ音楽院卒業、高等学校音楽教師の資格「コーラスのマエストロ」のディプロマ取得
1903年 7月16日	自然科学農学部の博士号取得、哲学部編入
1905年 3月18日	司祭叙階（25歳）
1907年 7月20日	トリノ大学哲学部卒業、教育学博士号取得
1912年 9月	オラトリオ・サン・ルイジを担当する
1920年 4月 1日	ヴァルサリチェ学院の校長を務める（40歳）
1922年 3月 4日	母ローザと死別
10月15日	ヴァルサリチェ学院の院長を務める
1925年12月29日	サレジオ会初の日本への宣教師団が出発、団長を務める（46歳）
1926年 2月 8日	門司港に上陸、宮崎の教会で日本語を学ぶ
1927年 2月 1日	宮崎教会の主任司祭を務める
8月 1日	サレジオ会日本準管区の初代準管区長を務める
1928年 3月27日	宮崎県と大分県からなる独立宣教区の初代教区長を務める
1929年 3月25日	総会とドン・ボスコの列福式のためイタリアへ帰国
1935年 1月28日	独立宣教区が知牧区に昇格、初代教区長を務める
1937年 3月 3日	宮崎小神学校の校長を務める
8月15日	宮崎カリタス修道女会創立

1937年12月12日	サレジオ会日本管区誕生、初代管区長を務める
1940年10月16日	教区長を辞任
1941年12月20日	三河島教会の主任司祭を務める
1944年 9月15日	三河島教会の主任司祭を辞任し、練馬サレジオ神学院に移る
1946年 4月25日	日向学院落成、初代校長を務める
1947年 4月19日	総会のためイタリアへ帰国
1949年 3月24日	日向学院校長を辞任
1949年11月 1日	管区長の任期を終了、サレジオ神学院の図書館長・聴罪司祭・教師を務める（70歳）
1952年 8月26日	調布サレジオ神学院院長を務める
1955年 3月19日	叙階金祝を迎える（75歳）
1962年 3月19日	院長を辞任
1963年 5月30日	病床に就く
1965年10月 6日	午前6時15分、帰天（86歳）
1965年10月10日	下井草教会で葬儀、府中カトリック墓地に埋葬
1967年10月 4日	遺体が調布サレジオ神学院の地下聖堂へ移される
1976年11月26日	列福列聖調査開始
1977年11月18日	東京大司教と調査員・医師団のもとで遺体の検案が行われる、腐敗していないことを確認
1978年 1月22日	日本における列福列聖調査終了、ローマへ資料が送られる
1978年 6月 3日	イタリアにおける列福列聖調査終了
1981年 6月 3日	著書調査終了
1983年 9月 2日	調布にチマッティ資料館落成
1991年12月21日	教皇ヨハネ・パウロ2世より、「尊者」の称号を与えられる

チマッティ資料館のご案内

1983年、チマッティ神父の遺徳をたたえ、その貴重な資料を保存するために、調布サレジオ神学院内に「チマッティ資料館」が建てられました。表にはチマッティ神父の胸像レリーフがあり、窓にはイタリア製のステンドグラスが飾られています。1階に事務室と音楽資料室、2階に展示室があります。

次の大事な資料が収められています。

— **チマッティ神父が作曲した950以上の楽譜**
   大部分、直筆が残っています。それらを整理したのは、主にイタリアの故イノ・サウィニ氏とロベルト・ボスコ氏です。
— **チマッティ神父著作全集**
   『教育学教科書』『ドン・ボスコの予防教育法』『農学教科書』『農家の手引き書』、農業雑誌記載463の記事、サレジオ会機関紙Bollettino Salesianoに掲載された日本についての200以上の記事、日本を紹介した著作『日の出の国』、『宮崎県の動物・植物の自然分類一覧』、戦死した日本人会員4名の伝記、3名の宣教師の伝記などがあります。
— **6300通ほどのチマッティ神父の手紙**
   毎月サレジオ会の長上に宛てた報告や個人への手紙です。これらは、サレジオ会本部の公式ホームページ (http://www.sdb.org/) のSalesian Digital Libraryに掲載されています。
— **1926年から1949年まで管区長として綴っていた日誌、各支部で綴っていた日誌**
— **チマッティ神父の写真数千枚**
   歴史的な出来事や人物の重要な記録です。
— **チマッティ神父に関係ある新聞記事**
   特にコンサートに関するものが多く残っています。
— **コンサートのプログラム数百枚**

その内容や協力者を知るための貴重な資料です。

— **録音されたチマッティ神父のいくつかの説教やピアノ演奏**
— **戦前戦中、日本政府が教会に出した通達**

チマッティ神父は「歴史のため」と書いたファイルにまとめていました。

— **列福列聖調査のため教皇庁に送られた公の書類、証人の証言など**
— **チマッティ神父使用の数々の書物、衣服、私物など**
— **化石や植物、昆虫、貝類、鉱石の数々の標本**

自然科学博士チマッティ神父が教材として集めたものや、教え子たちが贈ってくれたもの。ヴェローナのボルカの魚や植物の化石が珍しいです。

— **キアラ神父の墓碑**

「転び伴天連（ばてれん）」とよばれたジュゼッペ・キアラ神父の墓碑が、資料館の庭に保管されています。関東のキリシタンにまつわる最も重要な史跡の一つです。1943年にタシナリ神父によって発見されました。

◇ **チマッティ神父友の会**

次の目的で「チマッティ神父友の会」が結成されています。
— チマッティ神父の列福のために祈り、他の人にも祈ってもらうこと
— チマッティ神父を知るようにし、他の人にも知らせること
— チマッティ神父のお墓へ巡礼し、資料館を訪れ、他の人にも知らせること
— チマッティ神父の音楽や彼に関する出版物の普及に努めること
— コンサートなどの行事に協力すること

これらの目的の一つでも果たせるならば、どなたでも入会できます。入会費は無料です。列福運動は、会員やその他の方々の献金により支えられています。

◇ **ご案内**

資料館の見学　9:00 〜 12:00 ／ 13:00 〜 17:00
　　　　　　　　案内者不在の場合がございますので、お電話にてご確認・お申込みのうえ、ご来場ください。
お墓への巡礼　7:00 〜 18:00
毎月のミサ　　毎月6日　10:30 〜
　　　　　　　　サレジオ神学院の聖堂でミサをささげ、チマッティ神父の取り次ぎを祈っています。どなたでも参加できます。

チマッティ神父の取り次ぎにより神様からのお恵みをいただいた方は、列福運動担当のコンプリ神父へご連絡ください。

◇ **申し込みと連絡先**

〒182-0033　東京都調布市富士見町3-21-12
　　　　　　サレジオ神学院内　チマッティ資料館
TEL：042-482-3117　FAX：042-490-6707
E-mail：db@v-cimatti.com　URL：www.v-cimatti.com
郵便振替：00190-0-608734　チマッティ資料館

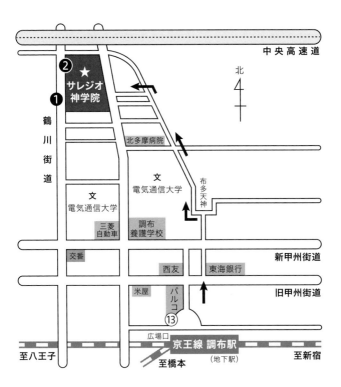

【サレジオ神学院 拡大図】

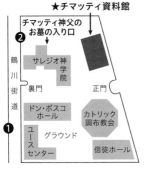

◇京王線 調布駅

広場口より徒歩15分 順路 ➡
北口バス停 ⑬番のりば
三鷹駅行(鷹56)・吉祥寺駅行(吉06)
⇒バス停❶富士見町住宅前下車
　　　　　　　　　　　徒歩3分

◇JR中央線 三鷹駅

南口バス停 ⑤番のりば
調布駅北口行(鷹56)
⇒バス停❷御塔坂下下車　徒歩3分

チマッティ神父関連の書籍・CD・DVD

【書籍】

チマッティ神父
本人が書かなかった自叙伝　上・下巻
ガエタノ・コンプリ編訳　A5判上製　⊕479頁 ⊖518頁

チマッチ神父の生涯　上・下巻
A・クレバコーレ著　B6判並製　⊕610頁 ⊖612頁

チマッティ神父の手紙
1　日本との出会い　1925〜1926年
2　主任司祭の心　1927年2月〜1929年3月
3　世界大恐慌中の人材養成　1929年2月〜1931年8月
4　苦悩の伴う事業発展　1931年8月〜1932年12月
ガエタノ・コンプリ編訳　四六判並製　①259頁 ②343頁 ③338頁 ④317頁

ほほえみ、慈愛と祈りの人
チマッチ神父
A・クレバコーレ著　B6判並製　338頁

チマッティ神父と歩んだ日々
レナート・タシナリ著　アキレ・ロロピアナ訳　四六判並製　159頁

チマッティ神父
日本を愛した宣教師　新装改訂版
テレジオ・ボスコ著　ガエタノ・コンプリ編訳　B6判変型並製　87頁

チマッティ神父によるロザリオの黙想
ガエタノ・コンプリ編訳　A6判並製　47頁

―― 音楽関係 ――

【楽譜】

合唱聖歌集――CANTATE DOMINO
(教会の聖歌隊のための、1年間の典礼用ラテン語三部合唱の楽譜)

音楽家チマッティ神父楽譜集Vol.1「ピアノソナタ」

音楽家チマッティ神父楽譜集Vol.2「アヴェマリア」

音楽家チマッティ神父楽譜集Vol.3
 「Ave Maria di grazia piena」Solo

【CD】

1　心が歌う　チマッティ神父　(23曲収録)
2　チマッティ神父　その声 その心　(26曲収録)
3　マリアさまを歌う　チマッティ神父　(18曲収録)
4　チマッティ神父　コンサートセレクション　(25曲収録)
5　今甦る　チマッティ神父とその弟子の歌声　(29曲収録)
6　チマッティ神父の合唱曲と聖テレジアの歌　(25曲収録)
7　チマッティ神父のミサ曲　(日本語ミサ曲、その他4つのミサ)
8　愛の種　Il seme della Carita　(17曲収録)
9　聖フランシスコ・サレジオ　オペラ2幕　(2007.10.07上演の記録)
10　チマッティ神父　その声と技　(13曲収録)
11　オラトリオ「アブラハム」　(2009.06.12上演の記録)
12　オペレッタ「IL CIECO DI GERICO　エリコの盲人」
　　全2幕　(2010.3.12上演の記録)
13　チマッティ神父生誕100周年記念コンサート
　　1980年 イタリア ファエンツァ　(11曲収録)
14　チマッティ・コンサート名曲アルバム　(16曲収録)

【DVD】

音楽・自然・日本を愛したチマッティ神父

細川ガラシャ　3幕のオペラ　(2004.10.08 東京オペラシティでの上演録画)

(このほか、順次発行予定)

著者

テレジオ・ボスコ　Teresio Bosco

カトリック司祭、サレジオ会員。
サレジオ会機関誌の編集長を務め、『ドン・ボスコ伝』をはじめとする聖人伝や信仰教育の著書多数。

ガエタノ・コンプリ　Gaetano Compri

カトリック司祭、サレジオ会員。チマッティ資料館館長。
1955年、宣教師として来日。中津ドン・ボスコ学園、育英高専（現サレジオ高専）、サレジオ学院、日向学院などで長年教育に携わる。教育、信仰教育、聖骸布、チマッティ神父に関する著書多数。

チマッティ神父（しんぷ）
日本（にほん）を愛（あい）した宣教師（せんきょうし）　新装改訂版

2001年2月8日　初版発行
2015年5月1日　新装改訂版第1刷発行

著　者　ガエタノ・コンプリ
発行者　関谷義樹
発行所　ドン・ボスコ社
　　　　〒160-0004　東京都新宿区四谷1-9-7
　　　　TEL 03-3351-7041　FAX 03-3351-5430
印刷所　三美印刷株式会社

ISBN978-4-88626-582-1 C0016
（乱丁・落丁はお取替えいたします）